親子で変わる！

朝が得意になるスゴい習慣

いであい 著

小児科医・医学博士
成田奈緒子 監修

メイツ出版

まえがき

「え？　私が著者なんですか？」

私がそう声を上げたのは制作会社の担当者とのリモート打ち合わせが終盤に入った頃でした。

「はい、出版社からはいでさんが著者だと聞いております。」

担当者さんは液晶パネルの向こうで少し戸惑った様子でした。


書籍の制作話は、私が育児漫画を載せていたブログへ出版社から「いでさんの漫画で〝朝の困り事〟をテーマにした書籍制作をしたい」とお誘いのメールが届いた事から始まったのでした。


はて、朝の困り事と言えば……

私が描いた漫画「起きない子供の起こし方」がインスタでもＴｗｉｔｔｅｒでも大バズりして、各メディアに紹介された所だったので、それを見た出版社が、朝の困り事に関する書籍のイラストレーターに私を抜擢してくれたのだろうと思っていたのでした。ところがまさか著者とは。

「私が著者なんですか？　頑張ります！」

手に汗握る気分で書籍制作が始まったのでした。

子供達の朝の困り事を挙げ、Ｑ＆Ａの形式にしました。そして内容の面では、専門家で小児科医の成田奈緒子先生が監修をして下さる事になりました。

朝の困り事は自分の経験談も漫画にしましたが、大半はインスタグラムで集まった多種多様な悩み事から抜粋したものです。

成田奈緒子先生が豊富な知識から的確なアドバイスをして下さってます。

猫の手も借りたい子供達との生活の中で朝の時間が少しでも楽になればと願いを込めて書いた書籍です。

皆様のお役に立ちますように。

いで　あい

目次

※目次には、本文の見出しにある「Q.」は省略しています。

まえがき……2
目次……4
いでファミリーの紹介……8

PART 1 【生活習慣・朝のメンタル】編

1. 子どもが必要もないのに早起きし過ぎるので困っている……10
【睡眠の大切さ（その1）】……12
〈早起き過ぎる要因をチェック〉……12
【中途覚醒であれば睡眠不足が心配】……13
2. 何事もゆっくりする性格で登校班の約束時間に遅れてしまうこともある……14
3. うちの子は朝起きるのが苦手！【その1　夜遅くまで起きている場合】……16
4. うちの子は朝起きるのが苦手！【その2　寝る直前までテレビやゲーム、ケータイ・スマホ、インターネットを見ている場合】……18
【睡眠の大切さ（その2）】……20
〈ブルーライトの影響〉……20
〈睡眠の質を向上させる〉……21
5. うちの子は不安があるため寝つきが悪い……22
6. 朝からゲームや動画、テレビに興じてしまうため、登校する準備ができなかったり、学校に遅れることもある……24
7. 出した物を片付けない……26
8. 自分で片付けたのに、片付けた場所を忘れていることがある……28
9. 他人が片付けた物を探すのに時間が取られてしまい、朝はいつも時間がない……30
10. 起床後機嫌が悪い……32
【自律神経の乱れに注意】……34
〈自律神経とは〉……34

11. 〈自律神経の乱れのサイン〉……35
朝、子どもが保育園や学校へ行きたくないと休みたがる……36
【親御さんのベターな対応】……38
〈不登校を未然防止するために〉……38

PART 2 【朝の食事】編

12. 朝ごはんを食べるのに時間がかかる！……40
【朝ごはんの大切さ】……42
〈朝ごはんの効用と栄養の摂り方〉……42
〈簡単に作れて食べやすい朝ごはん〉……42
13. うちの子は朝、食欲がなくて心配！……44
14. 朝は食べたくないタイプ。何か食べさせた方がいいのか？……46
15. 好きな食べ物が食卓に出ていないと食べない？……48
16. 子どもが偏食過ぎる!?……50
17. 食べこぼしが多くて食卓が汚れて困る！……52

PART 3 【朝の身支度】編

18. 歯を磨こうとしない……56
【なぜ歯を磨くのか】……58
〈虫歯の予防だけではない歯磨きの意義〉……58
〈軽く見てはいけない歯肉炎〉……59
19. 結局は磨くが、何度注意してもなかなか歯を磨かない……60
20. 髪の毛の寝癖がすごい！……62
21. 自分で洋服を選びたがる……64
22. 選んだはいいが、その日の気温と合わない服装をしてしまう……66
【服装の目安】……68
〈冬、子どもの服装は？〉……68
〈気温別の服装の目安〉……68
〈気温別着ていく衣服表〉……69
23. 着替えにもたもたして、身支度に時間がかかる……70
24. うちの子は、朝、顔を洗わない……72

25. 靴を履こうとしない……74
26. かかとを潰して履くなど靴を正しく履こうとしない……76
27. 歩き慣れた靴ばかりを履きたがる……78
28. 好きな靴しか履かない……80
29. どうしても靴下を履かない……82
表　靴下を履く・履かないことのメリット・デメリット……84

PART 4【子どもの心身の問題で困った】編

30. 親に反抗することが多くなった……86
31. オネショをしてしまいがち……88
32. たびたびオネショをしてしまう……90
33. 朝に下痢がち……92
【腹痛と下痢　その原因と対処法】……94
〈腹痛で注意すること〉……94
〈腹痛を伴わない下痢〉……95
表　医療機関で診てもらうかどうか判断の目安……95
34. 朝の排便が不規則……96
35. 朝に便秘がち（ときどき出ない日もある）……98
36. もう何日も排便していない（便秘が何日も続く）……100
37. 排便時に腹痛などの痛みがある……102
【便秘予防】……104
〈効果のある食べ物〉……104

PART 5【親御さん】編

38. 子供から突然「今日○○が必要！」と言ってくることへの困惑・怒り……106
39. 早起きが苦手な私に朝のひと仕事が待っている！……108

40. 子供だけでなく親も便秘症 …… 110
【便秘改善エクササイズ】 …… 112
〈就寝前や起床時のひざを倒すストレッチ〉 …… 112
〈排便力をつけるための腹筋ストレッチ〉 …… 113
41. 子供だけでなく親も朝下痢しがち …… 114
42. 起きるとカラダ（関節）が痛い（特に首や腰） …… 116
43. 起きるとカラダが硬直している …… 118
【就寝直前に寝床で行うとリラックス効果が高いエクササイズ】 …… 120
〈寝ながら深呼吸&ストレッチ〉 …… 120
44. 化粧もできずに仕事に行かざるを得ない …… 122
45. 起床直後は口臭がきつい …… 124
46. 子どもの給食がない土曜日出勤、大忙しで朝から疲労する …… 126

いでファミリーのご紹介

ママ

日々ゆったりまったりと田舎で暮らすイラストレーター。

パパ

営業職、趣味は DIY。映画。妙にいつも犬と子どもが寄ってきて群がる。

長男 16歳

根っからの理系男子。
ピアノが得意で、ショパンやリストが好き。
冬はスノーボード。

次男 11歳

体を思いっきり動かす事が大好きな野球少年。脳内ほぼ野球。

三男 8歳

芸に富んでいていつもみんなを笑わせてくれる。
スポーツ、お絵描き、歌が得意。

四男 4歳

我が家のマスコット的存在でみんなに愛されている。
兄達に負けじと逞しい性格。

PART 1

【生活習慣・朝のメンタル】編

1

Q. 子どもが必要もないのに早起きし過ぎるので困っている

いで家の四男（4才）は母がもう少しだけ寝たいと願っても早く起きてしまいます。

A.

「お子さんの睡眠が浅くなっていないかに意識を向けてみて！」

お子さんが早起きすること自体は特に問題はなく、むしろほめてあげられることだと思います。ただし、その起床時間が4時台や5時台といった、夏季でも朝陽が昇る前に目覚めてしまうことが続く場合は注意してあげる必要があります。

原因としては、昼寝が長すぎていないか？ あるいは、15時を過ぎた昼寝は、夜の睡眠に影響を及ぼします。また、寝る時間が早すぎていないか、就寝前に熱いお風呂に入っていないか、就寝直前までゲームやテレビを見ていないかなど、逆に覚醒してしまって寝つきが悪くなり、睡眠も浅くなってしまうようなことがないかをチェックしましょう。

対策としては、まずはこれらの原因を取り除くだけでも効果が出るでしょう。もし何も効果が出ないようであれば、専門医（睡眠もしくは内科など）に診てもらうことをオススメします。

〈早起き過ぎる要因をチェック〉

米国睡眠学会によると、子どもに必要な睡眠時間は以下の通りです。

3～5歳の子ども：10～13時間
6～12歳の子ども：9～12時間

このように年齢に応じた睡眠時間をとらせてあげることが理想です。

もし必要以上に早起きし過ぎるお子さんには次の原因がないかをチェックしてみましょう。

［前の日］

□早過ぎる就寝時間
（夕方5時や6時に寝かせてしまうと、早朝4時の時点で12時間程度たっているので自然に起床）

□長時間の昼寝
（15時を過ぎた昼寝は夜の睡眠に影響を与え、眠りが浅いまま朝を迎えてしまいがち）

□就寝直前の刺激
（スマホ、パソコン、熱めの入浴、カフェインの摂取などによる目や脳、内臓を含むカラダへの刺激などがあると寝ても浅い睡眠になりがち）

□就寝時の部屋の明るさ
（周りの明るさによって入眠の妨げとなり、寝ても浅い睡眠になりがち）

［当日］

□早朝の気温の低下
（カラダの冷えによって目覚めてしまう［冬の時期］）

□部屋に朝の太陽の光が差し込んでくる
（早い時間に太陽が昇る〔夏の時期〕）
□家族の誰かが早朝から外出するための準備をしている
（物音、足音を立てているなど）
□楽しみなことがある当日
（学校のお休み、遠足や遊びに行く日など）

中途覚醒であれば睡眠不足が心配

右ページのチェックにはあてはまらない場合でも、何らかの心の不安をかかえて寝つきが悪かったり（P22参照）、寝ても途中で起きてしまう（中途覚醒）子どももいます。とくにそのような子どもは、睡眠不足状態に陥っている可能性があります。

また、とくに1歳くらいから5、6歳くらいまではママがいないと入眠できない、あるいは、寝ているときもママが添い寝していないと、その気配に気づいて不安になって目が覚めてしまう子どももいます。

そのようにして中途覚醒が毎日続くと慢性的に寝不足になり、朝から子どもが不機嫌な状態になりがちです。お子さんの睡眠の深さにママの添い寝が関係している、もしくはそれが条件になっているようなときには、思い切ってママも同じ時間に寝てしまいましょう。

2

Q. 何事もゆっくりする性格で登校班の約束時間に遅れてしまうこともある

時間には出発したい、させたい母を尻目にマイペースな子供達5選！　焦っているのは親だけですね。

出発前に必ずウ〇チ
ウ〜ン
ウ〜ン
WC
ブロックで何か作り上げないと行けない。
おれの城を作り上げてから・・・
傘を持って行くか持って行かないか悩む
降るか
・・・・・・
降らないか・・・
朝ごはんを食べるのに40分
も・・・ぐ
も・・・ぐ
も・・・ぐ
咀嚼が遅い！
空を見ている
とにかくボーッとしている
どっかの世界行ってる！

A. ゲーム感覚で、準備の楽しさに意識を向けさせて！

起床後はボーとしていて、しばらく経って動き出すというお子さんは少なくありません。そんなときは、ついつい「早くしなさい！　学校に遅れるよ」と強い口調で叱りがちです。お子さんが低年齢のうちは、生活リズムが整っていないため、子どもの気分が乗らないとなかなか動きません。

子どもは叱られて動くことよりも楽しいと感じることに動き出します。

そこでオススメなのは、ゲーム感覚で時間を意識させて楽しみながら幼稚園や学校に行く準備をさせる方法です。着替えや片付け、登園・登校の準備を時計と競いながらやってもらいます。「長い針が10のところを指すまでに着替えてみようか」あるいは、ストップウォッチを使って「今日は何分でできるかな？　昨日は新記録だったね。今日も新記録出してみようか」と、遊びに誘うような気持ちで促すと良いでしょう。さらに数字が目に見えるように記録ノートを作成することもオススメです。

3

Q. うちの子は朝起きるのが苦手！

【その1　夜遅くまで起きている場合】

いで家の次男（6年生）の寝起きの悪さ。とりあえず寝ている事を認めない！

A. 「お子さんには睡眠の大事さに意識を向けさせて！」

夜遅くまで起きているから朝が起きられないという事態は避けたいものです。どうしても夜更かししがちな場合にはその原因を探ることが大切です。たとえば、宿題があるのに帰宅後はゲームばっかりやっていて、夜ようやく宿題に取りかかるのでは寝るのが遅くなりがちです。そんなときに、「もう少し早く寝なきゃダメ！」「早く起きて朝やりなさい！」と頭ごなしに叱っても、せっかく勉強を頑張っているのにと素直に聞き入れられないでしょう。

そのようなときは、なぜ睡眠が大事なのか、その理由をきちんと伝えることが必要です。たとえば、その子が将来「野球の選手になりたい」という夢を持っているのなら、「強いカラダを持つことが大事だよね。睡眠中には成長ホルモンが出て体を大きくしたり、強くしたりしてくれるんだ。だから睡眠は大事なんだよ」と子どもの夢や目標にからめて睡眠の重要性を教えていくと効果的でしょう。

4

Q. うちの子は朝起きるのが苦手！

【その２　寝る直前までテレビやゲーム、ケータイ・スマホ、インターネットを見ている場合】

寝かしつけとは？　となる瞬間ですね。
寝る直前までスマホを見せるパパ。そして寝かしつけられたのはパパでした。

A. 「睡眠不足が続くとどうなるかに意識を向けさせて！」

文部科学省の調査では、ケータイ・スマホ、インターネットを1日4時間以上見続けている子どもの就寝時間は10時以降になる傾向があることが結果として出ています。（4時間未満では10時までには寝る子が多い）

夜をしっかり寝ていないとどうなるかを親御さんが正しい知識を持って教えてあげることが大切です。

成長ホルモンの分泌は、眠り始める時刻が重要です。1日のうちで成長ホルモンが分泌する時間帯は夜の9時～朝4時ころまで。しかも多く分泌されるのは眠りについた直後だとされています。成長盛りに夜の就寝時間が遅く、興奮がもとで深い眠りに入らなかったり、慢性的な睡眠不足が習慣になってしまったりすると、大切な成長ホルモンの分泌が阻害され、脳やカラダの成長、さらには心に悪影響を及ぼしかねません。そのような状態が続けば、たとえば、集中力や記憶力が弱くなるなどの危険性をお子さんに伝えてあげましょう。

睡眠の大切さ（その2）

〈ブルーライトの影響〉

人間の睡眠のしくみには、体内で生成されるメラトニンというホルモンの作用が欠かせません。起床後は、朝の太陽を浴びるとセロトニンが分泌され、逆にメラトニンの分泌量は減少して眠気が無くなるのです。

パソコンやスマホ、ゲーム機などから発せられるブルーライトに長時間さらされていると、人の体内リズムが狂ったり、ドライアイや眼精疲労を引き起こしたりします。

とくに夜の入眠時間直前にブルーライトにさらされると、睡眠ホルモンのメラトニンを減らしてしまうため眠気が消えて寝つきが悪くなります。そのようなことから、夜8時以降、とくに就寝の1時間前からは使わせないようにご家庭でルールをつくることをオススメします。

〈睡眠の質を向上させる〉

子どもの睡眠の質を良くするためには、以下の時間を守って、できるだけ毎日同じ時間に入眠する習慣をつけましょう。また、迎える朝も、できるだけ同じ時間に起床するようにしましょう。

たとえば、下の図表にあるように、5歳→8時就寝6時起床（10時間睡眠）、小学生→9時就寝6時起床（9時間睡眠）、中高生→10時就寝6時起床（8時間睡眠）

このように、毎日できるだけ同じ時間に就寝や起床することで生活のリズムができ、快眠とスッキリとした目覚めにつながります。

また、朝の起床後は、青天であれば太陽の光を浴びましょう。このことで、心もカラダもすっきり目覚めます。その後は、朝ごはんをしっかりと食べましょう。言うまでもなく、朝ごはんは勉強や運動に必要なエネルギーとなります。そして昼間はカラダを動かしたり勉強したりする活動によって適度に疲れることが大切です。心地よく疲れることで夜の入眠後は深い睡眠をとることができます。

図表　理想の生活習慣

年代	就寝時間	起床時間	睡眠時間
5歳	20時（午後8時）	6時	10時間
小学生	21時（午後9時）	6時	9時間
中高生	22時（午後10時）	6時	8時間
成人	23時（午後11時）	6時	7時間

5

Q. うちの子は不安があるため寝つきが悪い

5年生のコウタロウ君は疲れた日に限って、夜中に突然起きて歩き回り、なかなかゆっくりと眠れません。

我が家の息子、5年生は
むくりっ
夜中に何度も起きます。
ドタドタ
あ、また始まった
うろうろしたり怯えたり
あせっ
あせっ
トコトコトコ
意味不明な事を口走ります
少しすると落ち着いて
すやっ
大丈夫
大丈夫
眠ります。
何度も起きるせいか
朝はなかなか起きられません。

A. お子さんに寄り添う言葉かけが大事

いつも何らかの不安や悩みを抱えていたり、明日に何かの不安を抱えるようなことがあると、なかなか寝つけないものです。小・中学生の頃の不安や悩み事には、いじめに遭った、(部活の)人間関係がうまくいかない、好きな子に自分の気持ちを伝えられない、友達ができないなど、親に相談しやすいものもあれば、なかなか言いにくかったり、相談しにくいこともあります。また、ストレスなどが原因と言われる「夜驚症《やきょうしょう》」(※)の可能性がある場合もあります。

そのような状態にあるときには、お子さんが安心するような言葉かけをしてあげましょう。たとえば、「何があってもパパやママは○○ちゃん(くん)の味方だよ」「何があっても助けてあげるから安心して」など。お子さんが不安の原因となることを話し始めたら、その話しを受け止め、たとえその子に原因があるようなことでも決して追及したり、感情的になって怒ったりしないようにしましょう。

※夜驚症：睡眠障害の一種で、就寝中に突然恐怖で覚醒してパニックを起こします。3歳～7歳の間の子どもに発症しやすいと言われていますが、成長とともに消失していきます。

6

Q. 朝からゲームや動画、テレビに興じてしまうため、登校する準備ができなかったり、学校に遅れることもある

ゆうくん（5才）はテレビを付けるとママが何を言っても聞こえないようです。

ゆうくん
早くお着替えしてねー
ごはんできたよーー
あれ
着替えてない
早く着替えて
ごはん食べなさーい
ゆうくん？
集中力の塊
TV視聴中はママの声が聞こえない。

A. ご家庭でルールを作りましょう

たとえば、どうしても朝からゲームがしたくて早起きしてくるお子さんもいます。朝に楽しみがあるから早く起きるというのは良いことだと思います。

ただし、親が黙ってその子の様子を見ていると、時間を忘れて夢中になっていることもあります。そのように、その時間が長くなり過ぎて肝心の学校に行く準備ができていなかったり、そもそも遅刻するようになっては大きな問題です。そのようなことにならないようにするには、お子さんと前もってルールを作っておきましょう。「朝は何十分（あるいは何時）までOK」というように決めておきましょう。さらに、ゲームを始める前はすでに宿題や学校の準備は完了していることが前提であることもルールにすると良いでしょう。また、そのために早起きするわけですから、前日は何時に寝たか、睡眠不足に陥っていないかということも気になります。早く起きるならば、早く寝るということも習慣になるようにしてあげましょう。

7

Q. 出した物を片付けない

こころちゃん（7才）は、ママのメイク道具を触るのが大好き。ある朝、ママの真似をしてお化粧をしていたら……

A.「具体的なしまう場所や捨てる・捨てないの判断基準を伝えましょう」

前日から部屋に物が散らかっている、あるいは、朝、出した物をそのままにして片付けない。朝に限らず、片付けることが苦手な子は多いです。

その原因はさまざまですが、とくに多い原因の一つとして、片付ける意志はあるものの、どこにどう片付けて良いのかわからないことがあります。出した場所に再び戻すということであれば簡単なのですが、物によってはしまう場所が決まっていなかったり、ある程度の工夫が必要だったりすることもあります。そのようなときは、子どもはなかなか片付ける行動ができない場合があります。

そこで、お子さんに片付け行動を起こさせる方法としてオススメなのは、「何（物）はどこ（場所）に」「○○は取っておく、○○は捨てる」といった具体的な場所や判断基準を提示することです。このことで、心の中に蓄積した「迷い」が無くなり、すぐに行動に移しやすくなります。

8

Q. 自分で片付けたのに、片付けた場所を忘れていることがある

抜かりなく学校へ行く準備したつもりのイツキ君（8才）、いつも登校時間ギリギリになって宿題がない事に気付きます。

ランドセルに入れたはずの
宿題がないいいいいい
まことちゃんどこやったの？
姉ちゃんどっか持ってった？
お前の宿題なんか知らんわ！
俺、ちゃんとランドセルに入れたのに！
その後机の下から見つかる。

A. 「前日にしっかり準備する習慣と片付けのルールを作ることが大事」

前日の晩に準備をしたはずなのに朝に探し物をしていたり、前日に準備を怠って登校間際に今日必要な物を探していたりすることがあります。今朝も探し物をしているのは、前日の準備を途中で止めてしまったか、今朝になって忘れ物に気づいたかのどちらかでしょう。いずれにせよ、必要な物がすぐに探せないということは、物の定位置(片付ける場所)が決まっていないか、片付ける際に集中できておらず、何をどこに置いたのか覚えていないことが考えられます。

そうしたことを防止するには、生活習慣を見直して、準備は前日にしっかり終わらせておくことが理想です。その際、お子さんに前日に準備をする習慣が根付いていない場合には、その時間を一緒に決めて習慣にしてあげましょう。

また、物や情報に対して整理整頓ができていないときには、片付けのルールを作ってあげると効果的です。

9

Q. 他人が片付けた物を探すのに時間が取られてしまい、朝はいつも時間がない

兄弟が多い我が家の朝はみんなが探し物をしています。無くなる筈もない物が見つからなくて大騒ぎ。

靴下が片方ない！
そこら辺で脱ぐからでしょ
俺のマスクがない！
そこら辺で外すからでしょ
給食袋がない！
ハンカチとティッシュがない
宿題のノートがない！
靴が無い！
どこで脱いだ！
無いものが多すぎ

A.

子どもが必要になる物をリストにし、それがどこにあるかを一覧にしておくと便利

朝の慌ただしい最中に、よく家の中で探し物をしている子どもがいます。

その物の置き場所が決まっている場合には比較的容易に探し出せますが、何かのきっかけや理由で定位置に置かれていないこともあります。そのようなときに、それが定位置の近くにある場合でも、それに気づかずに探し回りがちです。

探し物が苦手な子は、子どもが持つ特性が関係しています。つまり、物を探す行動には、子どもの目の高さや視野の広さも重要な要素です。その点で、子どもと大人では目の高さや視野の広さが違います(※)。

では、そのような子どもにはどうしたら良いのでしょうか?

あらかじめ子どもが必要になる物をリストにしておいて、それがどこにあるか、定位置にない場合はどこにありそうかを一覧にして子どもが見える場所に貼っておくことをオススメします。

※ある研究者の実験によると、大人の平均的な視野は、左右（水平）で150度程度、上下（垂直）で120度程度あるとされるのに対して6歳くらいの幼児の平均的な視野は、左右（水平）で90度程度、上下（垂直）で70度程度しかありません。

10

Q. 起床後機嫌が悪い

いで家の朝によく見られる、次男（6年生）と三男（3年生）の喧嘩です。どうでもいい事から「もう行かない！」が始まります。

A. 質の良い睡眠がとれるように環境を整えることが大事

朝から機嫌良く元気なお子さんもいれば、情緒が安定せずに不機嫌なお子さんもいます。不機嫌な子どもは何か心身に問題を抱えているのかと親として心配になることでしょう。

その原因として主に考えられるのは、①寝不足（一時的）や、寝不足が続くことなどが主な原因となって②自律神経が乱れていることです。

そこで、まずはお子さんが正しい睡眠時間が確保できているかどうかを確認してみましょう。

目安として、小学生で約9時間、中学生で8時間が理想とされています。朝6時の起床では、小学生は前日の9時、中学生では前日の10時に就寝しなければなりません（P21図表参照）。これだけの時間、質の良い睡眠がとれれば、子どもは自分から機嫌よく目覚めるものなのです。

自律神経の乱れに注意

〈自律神経とは〉

自律神経について見てみましょう。

自律神経とは、生きるために必要なカラダのさまざまな働きをコントロールしている神経のことで、たとえば、勉強をする、食事をする（消化も含む）といった何か活動を行っているときには「交感神経」が優位に働き、休んでいる、リラックスしているというときには「副交感神経」が優位に働きます。

この交感神経と副交感神経がバランス良く働くことで健康が保たれます。この自律神経をうまく働かせるためには、子どもの場合には、何よりも身体のケアが一番大事なのです。具体的には、良く食べたり（栄養）、良く寝たり（睡眠）、そして良く遊んだり（運動）することです。この日常生活が何らかの原因で乱れてしまうと、自律神経が正常に働かなくなる危険性があります。

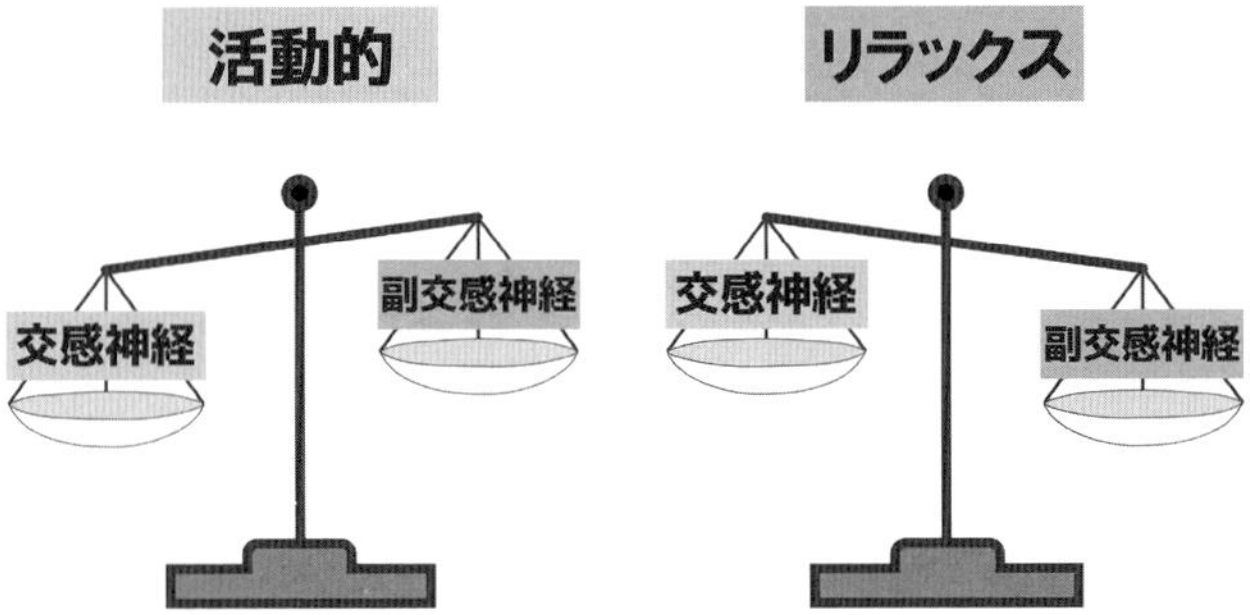

〈自律神経の乱れのサイン〉

自律神経が乱れると、たとえば、朝目が覚めたときに低血圧状態でカラダがだるくて起き上がるのが辛かったり、動悸やめまい、頭痛や腹痛・下痢が起きたり、食欲が無くなったりといったことが起きます。その症状が酷い場合には「自律神経失調症」と呼ばれる病気の可能性もあります。（その疑いがある場合は、早期に病院に行って専門医に診てもらいましょう。）

子どもの自律神経が乱れる最も多くの原因は、睡眠不足とストレスです。睡眠時間が十分に確保できないでいることが習慣となってしまっていたり、学校でいじめなど精神的なストレスを日常的に抱えていたりする場合には、一時的な自律神経の乱れや自律神経失調症が発症する危険性が高まります。

お子さんがそのような状態にならないように、親御さんは日常的にお子さんの様子を観ながら心身のケアをしてあげることを心がけていきましょう。

[子どもの自律神経乱れのサイン]

これらの症状がある場合は、自律神経の働きが弱っている可能性があります。

・朝はなかなか起きられず、起きても元気が出ない
・立ちくらみやめまいがする
・ずっと立っていると気分が悪くなる
・少し動くだけでも動悸や息ぎれを感じる
・食欲がわかず、何を食べてもおいしいと感じない
・しばしば頭痛や腹痛を訴える
・カラダがだるい

11

Q. 朝、子どもが保育園や学校へ行きたくないと休みたがる

保育園に行きたくなくて、いろんな所が痛くなるエマちゃん（5才）です。お休みと聞いたとたん……

A. お子さんの気持ちを肯定的に受け止め、なぜそう思うのかを聴くことが大切

子どもが保育園や学校を休みたがることがあります。

そのとき、体調が悪い場合もあるでしょうし、あるいは、保育園であれば、会いたくないお友だちがいるから、学校に通っていれば、受けたくない授業があるからなど、その理由はさまざまです。

このとき大切なことは、決して叱ったり、疑ったりしないで、体調以外の理由の場合には、そのときのお子さんの保育園や学校に行きたくないという気持ちを肯定的に受け止め、なぜそう思うのかを聴いてあげることです。そして、聴き終わったあとに本人の意思を再確認するため、「あなたはどうしたいの？」と聴いてみましょう。お子さんの反応として、悩みを打ち明けたことで気持ちがスッキリして「やっぱり学校へ行く！」ということになるかもしれませんし、意思が変わらずに「休みたい」ということかもしれません。いずれにせよ、お子さんの意思を尊重してあげることが大切です。

〈不登校を未然防止するために〉

とくに小学生以上のお子さんが学校へ行くのを嫌がる際に、親御さんの対応次第で一時的なことで終わるか長期化してしまうかに分かれます。前述したように、親御さんの対応の基本は「お子さんの気持ちに寄り添う」ことです。

一般的にNGな対応、OKな対応を例としてあげましたので、ぜひ参考にしてください。

【NG】「頑張って行きなさい」、「甘えていないで行きなさい」など。そのほか、話しを聞いてあげるのはいいのですが、詰問のようにしつこく原因や問題を聞いたり、気分転換させようと無理やり外出させたりすることなど。

【OK】「そういう日もあるよね」、「今日はゆっくり休もうか」その他、一時的なことであれば、その日の食事は好きな物を食べさせてあげることや、感情的にならずに穏やかに見守る、子どものやりたいことを尊重する、自分も子どもも生活リズムの乱れには注意することなど。

<その他 NG な言葉かけの例>

・どうして学校に行かないの？
・いつ、どこで、何があったの？
・学校で誰かにいじめられたの？
・何か不満でもあるの？

<その他 OK な言葉かけの例>

・そうか、行きたくないんだね
・話したくなったらいつでも話しを聴くよ
・今日は好きなことをしていていいよ

PART 2

【朝の食事】編

12

Q. 朝ごはんを食べるのに時間がかかる!

中学生に成長したちえちゃんは、相変わらずマイペースに朝ご飯を食べています。

保育園時代
おにぎり一個に一時間
ちえちゃん
お父さん遅刻しちゃうからぁぁ
中学生
納豆ご飯に30分
ちえちゃん
成長したなぁぁ

A. 原因を探して食事のあり方自体を見直してみて！

食欲が無いのではありませんが、とにかく食べ始めて食事が終わるまでに時間がかかるということがあります。学校の登校時間に間に合うのかが心配になったり、ご両親ともお仕事をされている場合には、出勤の時間との兼ね合いで心配になったりします。

子どもが朝食をとる平均時間は、一般的に小学生も中学生も15分前後だとされています。それが毎回30分以上かかるような場合は、原因を探して、食事のあり方自体を見直した方が良いかもしれません。

そこで、オススメなのは、朝食としてごはんもおかずも食後のフルーツも一口大にして食べやすくしてみてはいかがでしょうか。

さらに、栄養価を考えて、一口大にした食材にプラスαを加えておく（たとえば、ご飯におかかとチーズを混ぜておにぎりにするなど）のも良いでしょう。

朝ごはんの大切さ

〈朝ごはんの効用と栄養の摂り方〉

子どもは新陳代謝が活発で寝ていてもエネルギーを使っています。朝目覚めたときにはすでにエネルギー不足の状態なのです。朝ごはんはそんな脳や内臓にエネルギーを補給する大切なものです。朝ごはんと食べると体温が上がり、脳や内臓が活発に動き出します。ちなみに、脳の栄養源はブドウ糖のみです。そのブドウ糖を作るのが、ごはん、パンなどの炭水化物や果物に含まれる糖分などです。そのほかには、タンパク質やミネラル群、ビタミン群などもバランスよく摂取できるのが理想の朝食です。

〈簡単に作れて食べやすい朝ごはん〉

朝の忙しいときに簡単に作れる朝ごはんを幾つか紹介します。

〈ごはん食〉

◆卵かけごはん、目玉焼きのせごはん

・卵　タンパク質
・ごはん　炭水化物

◆納豆ごはん

・納豆　ビタミンB2
・ごはん　炭水化物

◆しらすごはん

・しらす　ミネラル、ビタミンD
・ごはん　炭水化物

◆卵とツナの雑炊

・卵　タンパク質

・ツナ　タンパク質、脂質

・ごはん　炭水化物

◆豚肉のそぼろかけごはん

・豚肉のそぼろ　ビタミンB1

・ごはん　炭水化物

※ごはんを玄米に変えるだけでビタミンB群の摂取量がアップ。
※味噌汁かスープをつけると栄養価はさらにアップ。

〈パン食〉

パンとハムエッグ

・パン　炭水化物

・ハム　ビタミンB1

・卵　タンパク質

オニオンチーズトースト

・パン　炭水化物

・マヨネーズ　タンパク質、脂質、ビタミン群

・玉ねぎ　炭水化物、ミネラル

・チーズ　ビタミン群、ミネラル群、タンパク質、脂質

※パンを全粒粉に変えるだけで、ビタミンB群の摂取量がアップ。
※スープをつけると栄養価はさらにアップ。

〈その他〉

◆牛乳をかけたシリアル

・牛乳　タンパク質

・シリアル（原料はトウモロコシ）炭水化物、ビタミン群、ミネラル群

◆ナッツ入りサラダ

・野菜　炭水化物、ビタミン、ミネラル

・ナッツ　ビタミンB1

13

Q. うちの子は朝食欲がなくて心配！

寝ぼけ眼でカイト君（11才）がもぐもぐしているものはいったいなんでしょう。

A. 寝起きに必ず太陽の光を浴び、その後白湯を飲ませてみて！

朝は食欲がわかないというお子さんも多いです。原因はさまざまですが、主に①前の晩に夜更かしをしてしまって睡眠不足の状態にある場合、②起床直後で食欲がわいていない場合、③前の晩遅くに夕食をとったためにまだお腹がすいていない場合、④日ごろの生活リズムの乱れが自律神経に影響している場合などがあります。①〜③の場合は、前日の過ごし方（夕食時間や就寝時間）や起床時間を改善すれば朝の食欲は回復することが多いです。しかし、④の場合には、まずは自律神経を整えることが大切です。

そこで具体的にオススメなのが、寝起きに必ず太陽の光を浴び、その後白湯を飲むことです。太陽の光を浴びることで、人の体内時間がリセットされます。このことは自律神経を正常に働かせる上で大切なことです。また、朝に白湯を飲むことで内臓を温めて代謝を上げ、血流が促進してさらに自律神経を活性化させる効用が見込めます。

14

Q. 朝は食べたくないタイプ。何か食べさせた方がいいのか？

朝ご飯、食べさせようとしてもなかなか大変ですよね。朝ご飯食べたくない子供達5選です。

寝てしまって食べない
テレビに夢中で食べない
不機嫌で食べない
拘り強くて食べない
たべない
え!! パン食べるって言ったじゃん
ジャムついてるの今日はやだ
間に合わなくなって
車で食べさせようとする
でも食べない。
NO!

A. 「スープやみそ汁を作ろう」

食が細く朝食はどうしても抜きがちだったり、朝食を用意しても「いらない」と言われてしまったりして、どうしても朝食を口にしないお子さんがいます。親としては、子どもには少しでも栄養を与えたいと考え悩むことも多いでしょう。そのようなお子さんには、喉を通りやすいようにスープやみそ汁を出してみてはいかがでしょうか？中でもオススメなのはみそ汁です。みそ汁を飲むことによってカラダが温まり、自律神経の働きを促進します。また、みそには、たんぱく質やビタミン、ミネラル、トリプトファンなど10種類以上の必須アミノ酸が含まれています。中でもトリプトファンは、自然な眠りを誘うメラトニンという睡眠ホルモンの生成に関わっており、摂取後16時間後にメラトニンが生成されることから、朝に飲んでおくと、ちょうど寝る頃に眠りを誘導して良質な睡眠をサポートすることが期待できます。

15

Q. 好きな食べ物が食卓に出ていないと食べない？

偏食っこになにか少しでも食べさせようと試行錯誤するママ達に聞いた朝食メニュー12選です。（前半）

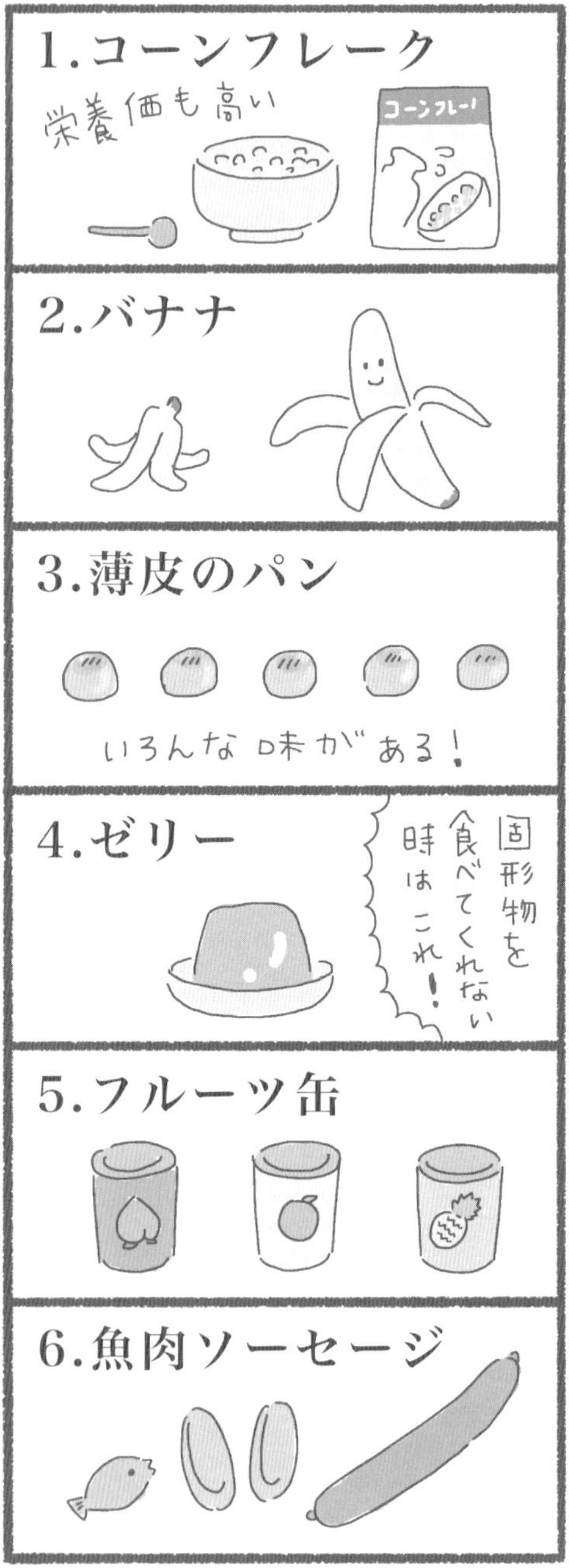
1.コーンフレーク
栄養価も高い
コーンフレー
2.バナナ
3.薄皮のパン
いろんな味がある！
4.ゼリー
固形物を食べてくれない時はこれ！
5.フルーツ缶
6.魚肉ソーセージ

A. 朝は本人が食べたいものを食べさせてあげて

自分の好きな食材が出る食事のときだけ食べるというお子さんもいます。食材に対する子どもの好き嫌いは、2歳から4歳の間に始まると言われています。4歳以上になると、食事に対する経験値が増え、食材への好き嫌いがより固定化します。しかし、子どもの好きな食材だけを食べさせていたのでは、栄養の面で気がかりです。やはり親としては、嫌いな食材でも食べてもらいたいのですが、結局食べないで出て行くこともあるでしょう。

このようなときには、栄養は他で補うという発想を持ち、朝食は何かお腹に入れておくことが大事と思うことです。なぜならば、何かを食べることでカラダを目覚めさせたり、脳を働かせたりするうえでのエネルギーの補給手段として考えることが大事だからです。その後の昼、夜としっかり食事をとることができれば、朝は本人が食べたいものを食べさせることもありではないでしょうか。

16

Q. 子どもが偏食過ぎる⁉

偏食っこの朝食メニュー12選。（後半）
とにかく少しでもお腹に入れて行って欲しいですよね。

7.ドーナツ
8.ビスケット
9.ポテトチップ
10.ふりかけご飯
・・・・の
ふりかけだけ
食べる事件
11.チョコレート
一口でも！
12.食べなくても
死なないから大丈夫

A. 「少しでもその他の食材に関心を向けさせてみて」

前項もそうですが、「特定の食材しか食べられない」といった、食生活が極端に偏ることを「偏食」と言います。偏食は朝に限ったことではありませんが、前述した好き嫌いを通り越して、日常的に好きな食材しか食べない状態のことで、このことが習慣化すると子どものカラダや精神面に悪影響を及ぼしかねません。

とくに小学生や中学生の偏食は、日頃の睡眠不足や、買い食いによる食生活のリズムの乱れが原因の場合もあります。親として栄養が心配だからと食べたくない（嫌いな）食材の無理強《じ》いは逆効果ですので要注意。では、どう対処すればいいのでしょうか？

まずは十分な睡眠がとれ、間食や夜食の時間や量を調整して1日3回の食事をきちんととれるようにすることが大事です。そしてそのうえで、栄養バランスの大切さを教えることや、調理方法や味つけ、盛りつけなどに工夫して少しずつでもその他の食材を食べてもらいましょう。

17

Q. 食べこぼしが多くて食卓が汚れて困る!

我が家の朝の様子です。大家族なので食事のあとの片付けがとにかく大変です。

A.「食べこぼしの原因を突き止めて、適切な手を打ってみて」

朝、お子さんが食事をしてくれたことは良いとして、席を立ったら食べこぼしが多いことに驚かれる親御さんも少なくありません。その後の掃除もさることながら、子どもの食べ方への心配や、栄養になるせっかくの食材をこぼしていたことへのガッカリな気持ちなど、親御さんとしては何とも複雑な気分を味わうことでしょう。

お子さんの食べこぼしには、①お箸の使い方、②姿勢、③イスとテーブルとの距離（イスとテーブルのある食卓の場合）、④食事の出し方、さらには⑤寝不足などで集中力が欠けていることなど、幾つかの要素がかかわってきます。

①のお箸の使い方は、まずはお箸自体がその子に合ったサイズかどうかを確かめましょう。使いづらくしていないかということです。また、箸は正しく使えているかということもチェックポイントです。

②と③は、まずイスに正しく座れているかをチェックしましょう。

イスに正しく座る姿勢というのは、a．イスに深く座る、b．テーブルとの間はこぶし一つ分が入る程度になっているかが目安です。その姿勢であれば、多少食べこぼしがあってもテーブルの上に散らばる程度で済みます。もし姿勢が悪くてテーブルとの隙間が空いてしまうと、下の床も汚してしまうことになります。

④は、食事の際の食器の問題です。まだ小さな頃は、食材が全て一つの食器で食べられるワンプレートが便利だったと思いますが、保育園・幼稚園以上の年齢の子どもには、食材ごとにそれぞれに分かれた食器を使って食べさせましょう。

ワンプレートだと食材がすぐ近くにあることから、あまり注意しないまま食材を取りそこねたり、その場で無理な取り方をして落としてしまったりしがちです。その点、食器が分かれていれば、食べたい食材の食器を手に持ったり、近くに寄せたりして食べることができ、食べこぼしが減るでしょう。

⑤が原因であれば、十分な睡眠が確保できるように注意が必要です。

PART 3

【朝の身支度】編

18

Q. 歯を磨こうとしない

サクラちゃん（4才）は歯磨きが嫌いなのか歯ブラシを投げてしまいます。

A. 「きちんと歯を磨くことの大切さを伝えよう」

子どもたちの中には、習慣的に歯を磨こうとしないまま成長し、中学生や高校生になっても磨いたことの無い人もいます。そして、そのような人の中には、その後の人生で何らかの歯や口腔内トラブルに悩まされる人もいます。

今は大丈夫でも歯を磨かないでいると、将来に虫歯や歯ぐきの病気を発症させる大きな原因になりかねません。

歯磨きは習慣です。まだ習慣になっていない子どもには習慣になるように親御さんが面倒を見てあげる必要があります。

とくに食事やおやつを食べたあとは次ページで説明するように、そのまま放っておくと口腔内の病気を発症させる危険性が高まります。あとで歯科医の治療を受けることになって痛い思いをさせないためにもきちんと大切さを教えてあげましょう。

〈虫歯の予防だけではない歯磨きの意義〉

そもそもの歯磨きの目的は、歯に付着したプラーク（歯垢）を除去することにあります。プラークは細菌が繁殖したかたまりです。虫歯や歯周病、口臭の発生などさまざまな口腔内のトラブルの原因となるため、とくに食後は歯ブラシによって適切に除去しなければなりません。口をゆすいだだけでは除去できないほどの粘着力があるからです。

また、プラークは除去するのに簡単な、歯の表面だけに付着するわけではありません。歯と歯の間のすき間や歯茎に隠れた歯根部分にも付着します。そうなると、通常の歯ブラシだけでは半分程度しか除去することはできません。そこで日常的に、デンタルフロス（糸ようじ）や歯間ブラシなどを使用して歯のケアを行うことも必要になります。

〈軽く見てはいけない歯肉炎〉

口腔内の病気として知られている歯周病ですが、歯周病は成人のみがかかる病気ではありません。歯磨きが不十分な子どもでも見られる病気なのです。

ちなみに、歯周病の原因となるのが、プラークの中の細菌です。それが繁殖（「歯周病菌」と呼ばれる）して歯と歯ぐき、周りの骨に悪影響を及ぼす病気です。

歯周病には段階があり、その症状に応じて軽度、中等度、重度と進行していきます。よく子どもに見られる「歯肉炎」は、歯周病菌によって歯ぐきに炎症を起こしている状態で、軽度の歯周病の症状なのです。

自覚症状としては、歯ぐきの腫れや歯磨きしたときに歯ぐきからの出血、口臭も伴う場合もあります。そのまま放置しておくと重度の歯周病に移行する危険性があることを本人も親御さんも知っておく必要があります。

＜軽度（※放置しないこと）**＞**
歯肉炎
歯肉（歯ぐき）に炎症が起こる。
歯磨き時に出血や腫れがある。
人によっては口臭もある。

＜中等度＞
歯肉炎の炎症の範囲が広まる。
歯磨き時に出血や腫れがあり、
口臭もある。

＜重度＞
炎症は歯肉だけにとどまらず、
歯の周りの骨まで広がる。
歯の周りの骨は炎症によって溶け、
歯がぐらぐらになる。
強い口臭もある。

19

Q. 結局は磨くが、何度注意しても なかなか歯を磨かない

我が家のよくある風景です。早く登校したいのか顔洗い歯磨きをスルーしがちな次男と三男。

行って来まーす
ちょっと ちょっと
顔洗って 歯磨きしたの?!
ニヤ
あっ
いって きまーす

「お友達に『お口臭いよ』と言われるよ」が効果的！

A.

朝、歯を磨くタイミングとして、起床直後か朝食後の2つのパターンがありますが、多くは食後ではないでしょうか？　起床直後は、寝ている間に口の中で繁殖した雑菌を体外に排出するという意味で、水道水で口の中をよくすすぐことが大切です。また、朝、どうしても歯磨きを嫌がってしないというう子どももいます。そのようなお子さんには、まずは食後に歯を磨くことの大切さをしっかりとわかるように説明しておくことが大切。食べた後、食物が口の中に残っているとそれが虫歯の原因となり、虫歯自体痛いのに加えて治療にも痛みを伴うことなど、しっかりと説明しておきましょう。また、歯磨きしないと、虫歯になってもならなくても口臭がきつくなります。そこで、たとえば『「○○ちゃんの口、すごく臭いよ！」とお友達に言われたら嫌だよね。』と子ども目線で話をすると効果があるようです。

20

Q. 髪の毛の寝癖がすごい！

子供の寝癖に悩むママ達に聞いた、寝癖スタイル4選です。どれも個性的ですね！

A.

寝癖の原因が寝汗の場合は要注意

子どもの寝ぐせを直すことも朝のバタバタに拍車をかけてしまうことの一つです。

朝の寝ぐせを直す方法として、ブラッシングで直せるときはその方法に越したことはありませんが、それで直らなければ蒸しタオルを使う方法が有効です。方法としては、濡らしたタオルを電子レンジで1分ほど加熱します。それを寝ぐせがついている髪に当てて直します。

なお、注意が必要なのは寝ぐせの原因が寝汗の場合です。子どもはカラダの新陳代謝が良いため基本的に汗かきです。しかし、だからと言って汗をかき過ぎることは良いとは言えません。少なくともそうした傾向が認められる場合には、良質な睡眠をとるためにも室内の温湿度調整（たとえば、夏の就寝環境は、室温25〜28℃、湿度50〜60%程度がベストとされる）はもとより、寝る前にコップ1杯の水分補給をオススメします。

21

Q. 自分で洋服を選びたがる

コタロウ君（5才）。毎朝大好きな新幹線プリントのトレーナーを着たいと大泣きです。

A. 「服を買う時点からお子さんと買いに行き、買ったその服の中から選んでもらおう」

お子さんがある程度の年齢になると、親が勧める服を嫌がり、着ていく服を自分で選びたがることがあります。たとえば、「どれ着る？これにする？」「これいやだ」…あれも嫌、これも嫌だと。ともするとそのことに、忙しい朝の時間をとられてしまうことに困っている方も多いでしょう。

また、そうならないように前日に子どもと用意した服も、当日になって気が変わってしまい、準備がムダに終わることもあるでしょう。

そのようなときにオススメなのは、服を買う時点からお子さんと買いに行き、実際にお子さんに選んでもらう方法です。この時点で大切なことは、親御さんは、きちんと着ていく服を子どもに言い聞かせて選んでもらうことです。そのことで子どもの側には着ることに対する責任感が芽生えます。そして一緒に買ったその服の中から選んでもらうようにすると、その日の服選びがスムーズに行うことができるでしょう。

22

Q. 選んだはいいが、その日の気温と合わない服装をしてしまう

自分で選んでお着替えできるようになったのは嬉しいけど、チョイスが・・・

柄に柄を重ね
全身総柄ファッション
なぜ！
全身パープル事件
プリンセス風
ドレス着用
真夏日にも譲れない
長袖ワンピース

A. 「あらかじめ季節や気温に合った上下（セット）を何種類か用意してあげて」

子どもが着ていく服を自分で選ぶと、その選んだ服が大人が見ればいかにもセンスが悪かったり、その日の気温と合わない場合があります。とても外を歩かせるわけにはいかないと思いつつも、本人は別の服に着替えるのを嫌がって抵抗するため、仕方なくその姿で学校に行かせてしまうこともあるでしょう。

そのようなこだわりの強いお子さんには、自分で選びたいという自立心自体は尊重してあげつつ、まずは親御さんがあらかじめ季節や気温に合った何種類か、どれを組み合わせてもセンスが悪くならない上下を複数用意しておきましょう。そして、その中から組み合わせを選んでもらったりしてはいかがでしょうか？　あるいは、お子さんにはあらかじめ「気温別着ていく衣服表」（P69参照）のようなものを作ってあげて、その表を見ながら着ていく服選びをしてもらうのもいいでしょう。

〈冬、子どもの服装は?〉

子どもは、親が注意しても聞かずに、寒い日なのに、薄着で学校に登校したり、遊びに出かけてしまうことがあります。親としては体調を崩さないか、風邪をひいたりしないかといったことが心配になります。

基本的に子どもの体温は、多少個人差はありますが、大人よりも変化しやすいのが特徴です。寒い日には、最初はある程度温かい服装にしつつ、活動が活発になって体温が上がったときに、段階的に「薄着」にできるような着方ができるのがオススメです。

子どもにとって最初から厚着をし過ぎると動きにくいうえに活発に動いて汗をかいてしまい、かえって汗が冷えたときに風邪をひく原因になることもあります。「体温に合わせてこまめに脱ぎ着する」。子どもには、そのような服装を心がけましょう。

気温別の服装の目安

気温	服装
26℃以上	夏の服装、半袖のシャツ
21～25℃	長袖シャツ、半袖シャツとその上に薄手の衣類
16～20℃	長袖シャツとその上にジャケットやカーディガン
12～15℃	冬の服装、長袖セーターや重ね着
8～11℃	長袖シャツと冬物コート
7℃以下	冬物コート、それに加えて厚手のセーターやマフラー、手袋

※上の表は基本的に成人の一般的な目安です。

〈気温別着ていく衣服表〉

屋外の気温	服装
26℃以上	
21 ～ 25℃	
16 ～ 20℃	
12 ～ 15℃	
8 ～ 11℃	
7℃以下	

※「服装」欄の中にお子さんの服の名称を書き込んでください。
※お子さんに合わせて、この大きさのまま、もしくは、拡大してコピーしてください。

23

Q. 着替えにもたもたして、身支度に時間がかかる

マイカちゃん（5才）は保育園に行く準備でイヤイヤが始まり、お母さんは仕事に遅れてしまいます。

A. 楽しい仕掛けを作ってあげて！

朝は起床後にボーっとしていて着替えに取りかかれない、あるいは、取りかかっても身支度に時間がかかるお子さんもいることでしょう。そのようなときには、お子さんに、そのこと自体に楽しい仕掛けを潜ませてみてはいかがでしょうか？

そこでオススメな方法は、たとえば、早く着替えが終わったら、好きなゲームをさせてあげる、あるいは、好きな動画を見せてあげるということがあります。楽しみが先にあることで、今やらなければならないことに対して早く終わらせようとする気持ちが働きます。あるいは、着替えを含めて一連の朝の身支度を一覧表にして、それを一つずつ完了させるごとに何かご褒美となる、あるいは、楽しんでもらえるような仕掛けを作っておくのも良いでしょう。そこで得られる小さな達成感は、自分が今行っていることに対してモチベーションをUPさせます。そこから、だんだんと自分から積極的に行動をしていけるようになるでしょう。

24

Q. うちの子は、朝、顔を洗わない

満面の笑みで「洗って来たよ!」というタイガくんの顔には……??

A. その子の個性や嗜好性に合わせて洗顔に関心を向けさせてみて

近年では、「朝起きたら顔を洗う」ということが習慣化していないお子さんが多くいるようです。あなたのお子さんはいかがでしょうか？

朝の洗顔には、まずは就寝中に顔に付着したホコリや目やに、皮脂、よだれ、涙、鼻水などの汚れを落とすといった意義があります。そうした顔に付着した汚れをそのままにしておくと、ニキビなどの肌トラブルの原因になります。

また、生活のリズムを整えるという意義もあります。洗顔でしっかりと目覚めて、1日のスタートを切れるようにするということです。

朝の洗顔がお子さんの習慣になっていない場合は習慣化することが大切です。そのためには、何かのついで（たとえば、トイレや歯みがきの前後などでルール化）に洗顔させることや、子ども専用の鏡を用意すると効果的だと言われますが、その子の個性や嗜好性に合わせて行いましょう。

25

Q. 靴を履こうとしない

まるちゃん（5才）。

朝ご飯にお着替え、やっと朝の準備を終えてさぁ保育園へ！　安堵したママが見たものは。

さーさー
準備万端！
まるちゃん
保育園行くよー！
靴
どうした

A. 「子どもに裸足の怖さを伝えてみて」

靴やサンダルを履くのがよほど嫌なのか、裸足で外を遊び回っている子どもがいます。そのような子は、たとえ履かせても途中で脱いでしまって、親が気がついたときにはすでに脱いでいたということも多いと思います。

外（一般の道路や公園など）での裸足は危険なことが多く、ともすれば、鋭利なガラスの破片や尖った金属類などを素足で踏んでケガをしてしまいかねません。そのようなことから、外で裸足で遊び回るのを止めさせたいと思う親御さんは多いことでしょう。

そんなときは、「裸足でお外を歩いて足をケガすると、怖いバイキンが○○ちゃんのカラダに入って大変だよ」と子どもに怖さを教えるのがいいでしょう。

そのことを何回言っても直らない子は、親御さんはその子の行動や足元に注意しながら、年齢を重ねれば大半の子はそのうちしなくなりますので、そのときが来るまで待ちましょう。

26

Q. かかとを潰して履くなど靴を正しく履こうとしない

ツバサ君（6才）は靴のかかとを潰して履くのが癖になっていて注意してもなかなかなおりません。

久しぶりのお出掛け
あら
せっかくお出掛けするのに靴が・・・
踵が潰れてない靴を履い来て！
はぁーい
かーちゃん大変だ！
全部
潰れてる！

A. 「正しい靴の履き方を伝えてみて」

朝に限りませんが、子どもが外出する際に、靴のかかとを踏んだままだったり、履けたとしても、つま先でトントンしながら靴を履いたりする光景を目にします。

実は、これは間違った履き方なのです。靴のかかとを踏むのが習慣になると「すり足」（足が上がらない状態で歩くこと）になったり、足の筋力が低下して、カラダが疲労しやすくなったりします。そもそも靴のサイズが子どもの足のサイズに合っているかどうかを確認する必要があります。

また、つま先トントンでは、どうしても靴の前方に足が寄ってしまい足指の成長を阻害したり、足に無理な負担をかけたりしてしまいます。正しくは「かかとトントン」をすることなのです。そのようにして正しい位置に足を納めたうえで、靴ひももしくはマジックテープで固定するということが正しい靴の履き方です。

27

Q. 歩き慣れた靴ばかりを履きたがる

部活動に燃える中学一年生のだいな君は気に入ったスニーカーをなかなか新調しません。あまりにボロボロなのでママは頭を悩ませています。

陸上部の息子なんと、
県大会出場が決まった。
ところが
よく見たら、
スニーカーがぼろぼろで、
靴屋に連れて行った。
そんな靴で大会出たら恥ずかしい！
シューズマート
・・・・・・
気に入ったデザインないから
今のままでいいや
！

A. 新しい靴に興味を持たせてみて

「今履いている靴はもうボロボロなのに新しいのを履かないで古い方ばかり履いて行く」「靴に穴が開いて靴底がツルツルなのに、新しいのを履きたがらない」親子の日常の生活で、このような親御さんの悩みは少なくありません。

どうしても新しい靴を履きたがらないお子さんには、その理由を聴いてあげることと、いつもの靴が履けない理由を説明してあげることが大切です。

有効な方法としては、最初から自分で気に入った靴を買ってきてもらう方法です。また、その子がまだ小学生低学年くらいであれば、好きなキャラクターの靴やそのシールを貼るなどで、新しい靴に興味を持たせることもできるでしょう。

いずれにせよ、多くの場合は一時的なものだと考えて良いでしょう。

28

Q. 好きな靴しか履かない

こだわり派サヤちゃん（4才）は気に入った靴しか履きません。朝はいつも長靴、そして帰りは履き替えます。

めちゃくちゃ青天の日でも娘は・・・
どうしても長靴を履く。
なのに、保育園に着くと
あっママ！
帰りはビーチサンダルで帰るから長靴は持って帰ってね
要求多め。

A. どんなときにどんな靴を履くのか、靴の履き方に関心を向けせてみて

どんなときでも好きな靴を履いて外出してしまう子どもがいます。雨でもないのにお気に入りの長靴、夏でもないのにビーチサンダルなど。親御さんとしては、ご近所などの周りの人から見られると恥ずかしかったり、その子のこだわりの強さに心配だったりします。

子どもがこだわりを持つ要因としては、その物が常に自分の近くにあることでの「安心感」や痛くないといった「快適さ」「心地よさ」などがありますが、過去の「楽しい思い出」と結びつくこともあります。

そのような場合は、お子さんが小さければ、家にあるお子さんが好きなキャラクターを使って履いて欲しい靴を「こっちの靴の方がカッコ良くていいよ」などと勧めたり、靴にお子さんが好きなシールを貼りつけたりすると効果的です。

ちなみに、こうした子どものこだわりは、多くの場合は、成長していけば無くなり、事情をわきまえてTPO（※）に応じた靴を履くようになるでしょう。

※TPO：Time（時間）、Place（場所）、Occasion（場合）の頭文字をとった略語。

29

Q. どうしても靴下を履かない

靴下を履くのが大嫌いなアオイ君は履かせても履かせても靴下を脱いでしまいます。

A. 「靴下のメリット・デメリットを念頭に、注意しながら見守ってみて」

靴下を履きたがらないので、無理に履かせるとすぐに脱いでしまうことってありませんか？　保育園や幼稚園によっては「靴下を履かせない」といった方針を持っているところもあります。しかし親としては、家の中や靴を履いて外出するとき、あるいは学校に通う際には靴下は履かせたいと思うものです。

靴下を履く効用としては、夏の暑い季節では汗を吸収して皮膚を清潔に保ったり、寒い季節では体温を維持したり、寒さから足自体を守ったりする大切な機能があります。また、外出時の靴を履く際には、靴の中を衛生的に保ったり、皮膚を靴から守ったりする機能があります。

しかし、その一方で履かないことのメリットもあります。それは、靴下で足が蒸れることがないことや靴下に閉じ込められていた足の指を開放することで足の負担が軽減されるといったこと、さらに、成長期の子どもにとっては、素足でいると、足裏やつま先の筋肉が自由に動かしやすいために土踏まずが形成されやすいこともあります。

こうしたメリット、デメリットがあるため、一概に良悪の判断は難しいところです。したがって、家の中で履くか履かないかは本人の意思に任せるとしても、外出時の靴履きの際は履いていくように促しましょう。それでも履かないのであれば、靴の中を衛生的に保つために、一度履いたら靴は風通しの良いところで乾燥させることや帰宅後に足自体をよく洗うことが大切です。

表　靴下を履く・履かないことのメリット・デメリット

状況	靴下	メリット	デメリット
屋内	履く	・皮膚を清潔に保つ ・体温の維持	・足が蒸れる
	履かない	・開放感が得られる ・カラダのバランス感覚が養われる ・足裏の感覚神経の発達を促す（脳にも良い刺激） ・足の指を開放することで足の負担が軽減される	・水虫などの足の病気が感染しやすい（とくに梅雨の時期・夏） ・足、カラダの冷え（とくに冬） ・ケガ（危険な物を踏んで）
屋外（靴で移動する際）	履く	・靴の中を衛生的に保つ ・足の皮膚を靴から守る	なし
	履かない	なし	・靴の中が足の汗や剥がれ落ちた皮膚の破片などで雑菌が繁殖して不衛生

PART 4

【子どもの心身の問題で困った】編

※注意：このパートでは「下痢」「便秘」「オネショ」といった人の生理的な問題を扱っておりますが、体質には個人差があることや本書の方法で改善が見られない場合には専門の医師にご相談ください。

30

Q. 親に反抗することが多くなった

つい最近まで可愛かったはずの息子、ソウタ君（6年生）の突然の暴言にママはびっくり。

A.「主張や感情を受け入れてやさしく聴いてあげることが大切」

子どもが、突然、不満や怒りの感情を抑えられずに、親御さんに対して大声を出したり、乱暴な言い方をしたりすることがあります。そのような子どもを「キレる子ども」と言ったりしますが、人の成長過程で見られる「反抗期」とは違います。反抗期は、自我の芽生えといった精神発達上の一過程ですが、「キレる」原因は、睡眠不足や栄養不足などの生活習慣上の問題が潜んでいることが多いです。

もしそのように子どもが突然キレた場合には、興奮した状態から落ち着くのを待ちましょう。そして、落ち着いたタイミングで、一旦は子どもの主張や感情を受け入れてあげてください。

子どもが冷静さを取り戻した時点で、「なぜ大声を出したの？」「なぜ乱暴な言い方をしたの？」など、自分を客観視できるような質問をしてあげてください。決して責めたり否定したりする言い方ではなく、やさしく聴いてあげることが大切です。

31

Q. オネショをしてしまいがち

突然名案が浮かんだハルト君（5才）、ちょうど外れた所でオネショはあるあるですね。

ぼく！今夜はオネショの予感がする！
そんな時はこのダンボールを敷いてその上に寝れば大丈夫！
布団が濡れないよ！
こうやって
いい考え!!!
おやすみ！ママ！
ジョ
予感的中
ハッ

A. 抗利尿ホルモンが多く分泌されるために良質な睡眠が大事

小学生になっても、毎日ではありませんがごくたまにしてしまう「オネショ」。「これって大丈夫なのかな?」と不安になる親御さんもいます。多くは、6歳くらいまでにはオネショを卒業しますが、中には完全に卒業できずに、忘れたころにしてしまうことがあります。

子どもはなぜオネショをしてしまうかと言うと、子どもは眠りが深く、尿意によっても目を覚ますことができずに、膀胱内に溜まった尿が溢れ出てしまうからです。そしてその原因には、人体には夜になるとおしっこの量を減らそうとする「抗利尿ホルモン」が脳から分泌されますが、子どもはまだその分泌リズムが整っていないため、おしっこが溜まりやすくなります。また、この原因以外には、睡眠の質が良くない(抗利尿ホルモンはぐっすり眠ると多く分泌される)場合や、過度の疲れ、ストレスなども考えられます。

32

Q. たびたびオネショをしてしまう

中学一年生の美緒さんは夜尿症ですが、機能的なおむつのおかげで快適に過ごせています。

我が家の中一女子は
夜尿症で、
ほぼ毎晩おむつを
濡らしてしまいます。
薬の効果も無く・・・
でも、小児科の先生は、
高校生くらいになれば治るから心配しなくて大丈夫!
と、
言ってくれます。
今では、おむつを
こっそり使えば、
薄いおむつがあるから全然バレない!
泊まりの行事も参加
できているし、
ただいま
楽しかったよー
そのうち治るかなーと
長い目で見ています。

A.「焦らない」「怒らない」、そして、夜中に「起こさない」で！

お子さんが5歳過ぎて小学生になっても、どうもオネショの回数が多いなと感じられれば、夜尿症の場合も考えられます。子どもの夜尿症は、「5歳以上で1カ月に1回以上の頻度で夜間睡眠中の尿失禁が3ヵ月以上続くもの」と定義されます。

夜尿症の原因は、前項と同じ、眠りが深いうえに、膀胱が小さく、しかも抗利尿ホルモンの分泌リズムが整っていないため、おしっこが溜まりやすくなって無意識に体外に排出してしまうということです。対策としては、夕食は早めにするなど寝る前の水分をとる時間に気をつけることや、生活のリズムを規則正しくすることです。基本的には、12歳を過ぎる頃には、オネショは見られなくなることが多いですが、気になる場合には専門医に診てもらいましょう。

また、親御さんの心得として、「焦らない」「怒らない」、そして、夜中に「起こさない」（眠りのリズムを乱してしまう）ことが大切です。

33

Q. 朝に下痢がち

中学一年生のアキさんは何故か学校がある日の朝だけ下痢になります。本人は元気そうだけど、心の問題かな？　と心配しています。

中学生の娘は学校がある日だけ
あ――今朝も出そう
姉ちゃん今日もか
うーん
うーん
毎朝下痢をします
学校が休みの日は
不思議と
おっはよ――
何事もなく元気です。
忙しい時だけトイレ占領すんなよー
あはは～

A. 特に良質で十分な睡眠時間の確保が大事

学校に登校する日の前日や当日の朝、高い頻度で下痢をしてしまう子どもがいます。下痢には、消化不良や細菌性、睡眠のリズムの乱れ、ストレス、風邪やその他の何らかの病気にかかっているときなど、さまざまな原因・タイミングがあります。中でも親御さんを困らせるのが精神的なストレスが原因によるものです。仮に医師に診断されても特に器質的な疾患が見られません。

このような子供の場合に腹痛を感じるのは、胃腸の血流が悪い、副交感神経の緊張で腸の動きが活発化している、腸内にガスが溜まるなどが原因で起こります。症状の特徴としては、心理的なストレスとなる出来事や予定があると悪化し、そうした出来事や予定のない日（週末や休日など）やその前日になると軽快する傾向があります。改善方法としては、規則正しい生活への改善（特に良質で十分な睡眠時間の確保）、適度な運動、朝は時間の余裕を持って起床するといったことが基本となります。

腹痛と下痢　その原因と対処法

腹痛は子どもに多く見られる症状の一つです。下痢をする前に腹痛を起こす場合と起こさない場合があります。それぞれについて見ていきましょう。

〈腹痛で注意すること〉

まず腹痛についてですが、お子さんが腹痛を起こす場合、その原因はさまざまですので、まず親御さんは、お子さんが腹痛を訴えてきた場合には、その症状の重さや、併発している病気の有無（発熱を伴っていたり嘔吐を伴っていたりするなど）を確認して医療機関に診てもらった方がいいかどうかを判断しましょう。一般的に子どもの腹痛で最も多い原因となるのが「便秘症」です。毎日もしくは少なくとも2、3日に1度程度は排便がなされているか、最後に排便したのはいつかなどをお子さんに聞いてみましょう。また他に多く見られるのが、「感染性胃腸炎」です。多くの場合は、ウイルス（ノロウイルス、ロタウイルス、アデノウイルスなど）や細菌（食中毒）に感染したことによって起こされます。主な症状としては、腹痛と嘔吐、その後は下痢便が出ます。

またその他には、原因が腹部にない場合もあります。たとえば、風邪をひいて熱が上がる際や、風邪で医師から処方された抗生剤（抗菌薬）などの内服によって腹痛と下痢を起こす場合があります。さらにその他には、扁桃腺炎や中耳炎、てんかんや喘息発作などでも腹痛を起こすことがあります。

〈腹痛を伴わない下痢〉

次に、腹痛を起こさないで下痢をしてしまう場合ですが、原因としては精神的なストレスによる一過性のもの、さらにその症状が長く続く場合には過敏性腸症候群などが疑われます。この場合はただちに専門医に診てもらいましょう。

いずれにせよ、これらのお子さんのカラダの不調時には、より一層注意して規則正しい生活の維持に努め、十分な睡眠をとらせることと脱水症にならないように水分補給をこまめにしてあげることが大切です。

水分を与える際は、ただの水道水よりはできれば経口補水液を与えるようにしましょう。経口補水液が無い場合は、スポーツドリンクでもOKです。また、与える際は、冷えた状態ではなく常温もしくは常温に近い状態で与えるようにしましょう。冷たい飲み物だと下痢につながる恐れがあるからです。

表　医療機関で診てもらうかどうか判断の目安

対応方法	症状	可能性のある主な原因・病気
自宅で様子を見守る	下痢のみ（本人は元気）	疲れなどの一時的な消化不良
医療機関で受診する	下痢が続く（１週間以上）	過敏性腸症候群
	下痢に嘔吐や発熱が伴う	ウイルス性・細菌性胃腸炎（食中毒）
	我慢できないほどの激しい腹痛	虫垂炎（盲腸）
	便に出血が混じる	細菌性腸炎・腸管出血性大腸菌感染症
	排便後もお腹が痛い	腸重積（腸の一部が重なり合っている状態）・虫垂炎（盲腸）

※あくまでも一般的な目安・判断基準です。

34

Q. 朝の排便が不規則

これはいで家でたまに起こる現象です。催すタイミングが全員同じになって大騒ぎになります。

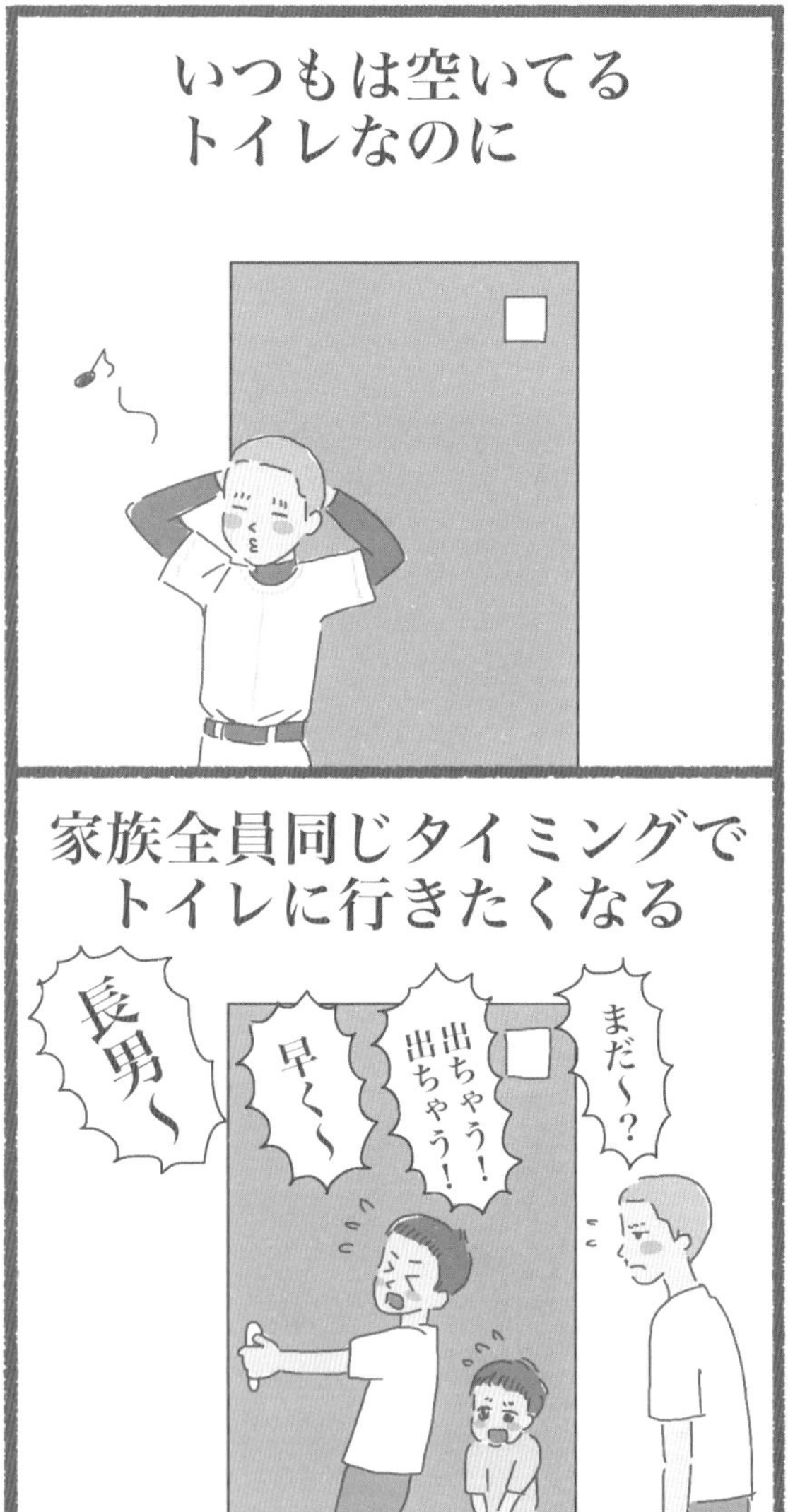
いつもは空いてる
トイレなのに
家族全員同じタイミングで
トイレに行きたくなる
まだ〜？
出ちゃう！出ちゃう！
早く〜
長男〜

A. 一定の生活リズムを習慣にすることが大事

朝は便が出たり出なかったり、また、出る場合にその時間が決まっていない子どももいます。毎日決まった時間にトイレに行く習慣も大切です。

このような排便が不規則な背景には、日常的に夜更かしなどの生活のリズムの乱れによる疲労や睡眠不足などで自律神経に変調をきたしていることが考えられます。このような子どもは、園や学校に行った際に便意を催すことが多く、その場合、トイレに行く姿を友達に見られたり知られたりするとからかわれるといった理由で、我慢してしまうことが多いのが現状です。

トイレを我慢してしまうと、さらに排便が不規則になるため、便意を催したらただちにトイレに行くことを促してあげましょう。

いずれにせよ、家を出ていく前の一定の時間にトイレを済ませることができるためには、朝食後などトイレタイムの時間帯を毎日同じ時間に決め、便意がなくともその時間帯にトイレに行く習慣を身につけることが大切です。

35

Q. 朝に便秘がち（ときどき出ない日もある）

長年便秘持ち、中学二年生のソウタ君はすっぽん（※）使いもすっかり慣れたものです。

※通常は「ラバーカップ」と呼んでいます。

幼い頃から便秘持ちの息子は
トイレを何度も何度も
詰まらせていました
わあああ
ザッパーー
たっ
たすけてーー
中学生になった今では
慣れた手つきで
すっぽん
しています
ザシュ
ザシュ

A. きちんと朝食をとることと時間に余裕を持つことが大事

子どもにとって便秘は大変身近な体調不良のひとつです。その子のもともとの体質的なこともあれば、食生活の乱れや恒常的な寝不足など生活習慣上の問題などもあり、その原因はさまざまです。

便秘とは、一般的に「3日以上排便がない状態、または毎日排便があっても残便感がある状態」(日本内科学会)とされますが、その定義も学会によって違いがあるようです。

もしもお子さんが便秘がちであったら、朝は出掛けるまでの時間に余裕をもって起床し、朝食をきちんととるようにしましょう。またその朝食には、お腹の調子を整えて排便を促す食物繊維や発酵食品、オリゴ糖やマグネシウムを多く含んだ食材を食べるようにしましょう(P104参照)。そして、毎日の習慣としては、朝目覚めたら、胃腸の活動を活発にするためにコップ1杯の水(寒い季節には白湯)を飲ませてあげることをオススメいたします。

36

Q. もう何日も排便していない（便秘が何日も続く）

中学三年生のリンコさん。食生活はなるべく気を付けていますが、便秘がなかなか良くなりません。

もう4日も出ない
お腹カチカチだよー
ほら！ヨーグルトに牛乳
繊維質のお野菜食べて！
娘は小さな頃から便秘体質です。
食生活は気を付けていますが
あーおなかいたいー
なかなか改善しません。
良い方法を模索中です
学校行くから下剤は飲めないくそぅ

A. 便意を感じたら我慢は禁物

私たちが「トイレに行きたい」と思うのは、便意を感じるからです。しかし、何らかの理由で排便を我慢していると便意が感じにくくなります。便意は、便で直腸が広がることで感じます。便が溜まった状態が続くと、それに慣れて感じられなくなるのです。しかも便秘が続くと、便に含まれる水分が大腸内で再吸収されて便が硬くなって出にくくなります。それが悪循環して1週間以上も排便がストップしてしまうようなひどい便秘に陥ってしまうのです。

お子さんが、そうした状態に陥らないようにするためには、睡眠を整えることが大切です。そのことで朝きちんと排便できる習慣が身につくのです。

睡眠中は副交感神経が優位に働いて消化活動を促します。十分な睡眠時間でぐっすり眠った翌朝は、腸の中で消化が進んで便は大腸の終末部まで送られます。朝食をきちんと食べることで胃腸が刺激され、腸のぜん動運動で便は大腸から直腸へと送られ、「トイレに行きたい」となるのです。

37

Q. 排便時に腹痛などの痛みがある

リクタ君（3才）は慢性的に便秘で、保育園に行く前におまるで頑張ります。

息子は便秘です。
朝、強制的におまるに座らせます。
う〜〜ん
う〜〜ん
泣きながら排便。
うんち
でた
汗だく。
はぁぁ
そしてシャワーするのが登園前の日課です。
シャアアアア

A. 日頃からの予防が大切！

お子さんが、便秘が続いてお腹がはったり、排便時に痛がるなどの症状がある場合があります。

ちなみに、子どもの生後からの成長過程において便秘になりやすい2つの時期があります。それは、1歳過ぎの時期と2、3歳の時期と言われています。

1歳過ぎの時期は、離乳食から幼児食への切り替わりの時期で、この頃には活発に運動するために水分不足が起き、さらに自我が芽生えてくることによる排便の我慢などが重なって起こるものです。また、もう一つの2、3歳の時期は、排便が固かったり、痛かったりして排便するのを嫌がることからよく起こると言われています。

いずれにせよ、前述したことですが、そうならないためには、朝目覚めたら、水分補給と胃腸の活動を活発にするためにコップ1杯の水（寒い季節には白湯）を飲ませてあげることをオススメいたします。

〈効果のある食べ物〉

お子さんの便秘予防・改善に効く食べ物を紹介します。

食物繊維	水溶性食物繊維（ネバネバ系食品に多く含まれている）	善玉菌のエサとなり、腸内環境を改善する	海藻類、オクラ、キウイ、山芋、もも、干しブドウなど
	不溶性食物繊維（野菜に多く含まれている）	水分を吸収して膨張し便量を増やす ※必ず水分と一緒に摂取することがポイント	ごぼう、大根、モロヘイヤ、ブロッコリー、豆類、きのこ類など
発酵食品		善玉菌の一種である乳酸菌を腸に送り、腸内環境を整える	納豆、味噌、キムチ、お酢、ヨーグルトなど
オリゴ糖		善玉菌のエサとなり、腸内環境を整える	玉ねぎ、牛乳、バナナ、ハチミツなど
マグネシウム		副交感神経の働きを助けたり、便をやわらかくしたりする	ルイボスティー、ひじき、わかめなど

食べ物以外にも、適度な水分補給と運動などを合わせて取り入れましょう。

PART 5

【親御さん】編

※注意：このパートでは「下痢」「便秘」「体調不良」「口臭」といった人の生理的な問題を扱っておりますが、それぞれ個人差があることや本書の方法で改善が見られない場合には専門の医師にご相談ください。

38

Q. 子供から突然「今日○○が必要！」と言ってくることへの困惑・怒り

今日こそは時間通りに出られると安堵したのも束の間、我が家の三男（３年生）は突然今日の持ち物を思い出します。

ママ行って来まーす
行ってらっしゃーい
ホッ…
今日は時間通り…
あ
三角定規と
コンパスいるんだった！
ガサ
ゴソ
ガサ
ゴソ
あった！
あとペットボトルと空き箱２つ持って行くんだった
せめて前日言え！

A. ときにはムリはムリと言ってしまって構わない！

小学校に通うお子さんから、当日の朝急に『今日は○○が必要！』と準備しておかなければならない物を知らせてくることがあります。そんなとき、たまたま家にその物があればいいのですが、無いときには、慌てて近所の早朝から営業しているコンビニやスーパー、あるいは知り合いから調達している人もいるのではないでしょうか？

授業で使う家庭で準備しなければならない物は、多くの場合は学校からのお便りや連絡帳などで1ヵ月前、遅くとも1週間前までには知らされることが多いようです。しかし、そのことを親が知らなかったり、子どもが伝えるのを忘れていたりして、突然言われて慌てることも多いようです。

では、そのように突然用意しなければならない物をお子さんに言われた場合はどうしたら良いのでしょうか？お子さんのためにも、「突然言われても用意できない」と言って教育することも大切です。

39

Q. 早起きが苦手な私に朝のひと仕事が待っている！

毎朝早起きして、夫と高校生の息子にお弁当を作るのが日課のママ。作り終えてホッとした所で・・・

さー今日も
頑張ってお弁当作るぞー
ジュ
てき
ぱき
ふぅ
つかれたー
完成
チュン
チュン
夢・・・
凄まじい
残念感

A. 朝、自らのモチベーションが上がるルーティンを探してみては？

「朝、なかなか起きることができない」「朝早く起きられないので、子どもが学校に遅刻してしまうのではないか不安」といった、朝を心配している親御さんも多くいます。朝が苦手なママは、どうしたら早起きができて心配や不安から解放されるのでしょうか？

もちろん、早く起きるためには質の良い睡眠をとることが大切です。寝る直前までスマホやパソコンを操作していると睡眠の質が落ちると言われています。それらは寝る時間の1時間前からは使わないと決めましょう。

そして、朝が苦手な人にオススメは、朝起きるのが楽しみになることを朝のルーティンに加えることです。たとえば、朝家族が起きる前のほんの少しの時間を利用して好きな作家の小説を読む、大好きな紅茶を味わう、育てている植物の成長を観察するなど、自らのモチベーションが上がるルーティンを探しましょう。

40

Q. 子供だけでなく親も便秘症

便秘症に悩むママ。集中していた所勝手にトイレに入ってくるアキト君（5才）のモノマネで吹き出してしまいます。

A. 朝起き抜けにコップ1杯の水（または白湯）を飲んでみて！

朝の習慣として、「快便でスッキリ！」という生活が理想的ですが、ママさんの中には、便秘がちな人、あるいは、すでに習慣的に便秘になっている人も多くいらっしゃるでしょう。特に便秘になりがちなのは男性よりも女性だと言われています。便秘で朝があまり快適に過ごせない人はどうしたら良いのでしょうか？　P99で紹介した子どもに多く見られる便秘の原因のほかに、大人の女性特有の原因として代表的なのが、女性ホルモンの影響があります。それは、黄体《おうたい》ホルモン（排卵から月経までの期間に多く分泌）の働きで大腸のぜん動運動が鈍くなって便が硬くなり排便しにくくなるという生理的な理由があるのです。そうした事情を踏まえたうえで、お子さんだけでなく親御さんも、朝起き抜けにコップ1杯の水（白湯）を飲むことをおススメします。このことで、睡眠中の水分補給と同時に腸のぜん動運動を活発にすることにつながり、自然な便意につながりやすくなります。

ここでは、寝て横になったまま簡単にできる便秘改善エクササイズを紹介します。

〈就寝前や起床時のひざを倒すストレッチ〉

お腹をひねることで腸に刺激を与えましょう。

①仰向けに寝て、両足を揃えてひざを立てる。
↓
②息を吐きながら両ひざをゆっくりと左に倒す。
↓
③息を吸いながらひざを①の位置に戻す。反対側も同じようにして1セット5回繰り返す。

〈排便力をつけるための腹筋ストレッチ〉

運動不足や加齢によって衰えてしまいがちな腹筋。この衰えが便秘を長引かせる原因になることも少なくありません。排便でいきむときに重要な役割を持つのがお腹の中央に縦に走る腹直筋です。

そこで、腹直筋を鍛えて便を押し出す力（排便力）を高めましょう。

①あおむけに寝て、頭の後ろで両手を組み（もしくは両手をお腹にあてても可）、足は少し幅を開けて両ひざを立てる。

←

②おへその位置が見えるまでゆっくりと頭を起こし、お腹に力を入れながら10秒キープ。

←

ゆっくりと頭を戻す。①～③を1セット10回繰り返す。

41

Q. 子供だけでなく親も朝下痢しがち

忙しい朝、みんながトイレに寄りたい時間に限ってトイレ占領するパパです。

父ちゃん早くー
ちょっと待ってろ!
出ちゃうよー
夫がすぐにお腹を壊してトイレを占領します。
ママも我慢中
家を建てる時は絶対トイレは2個欲しい!
ぐっ

A. 晩の飲酒・飲食には気をつけて！

前項の便秘とは逆に朝、どうしてもお腹を下しがちな人も多くいらっしゃるでしょう。とくに通勤して職場へ向かう親御さんの中には、通勤途中にトイレが近くに無いことで不安に思われている人も多いでしょう。

下痢の原因として考えられるのは、前の晩の「暴飲暴食」、「冷たい飲み物の飲み過ぎ」、「辛い食べ物などの刺激物を口にする」、「アルコールの飲み過ぎ」、「ストレスによる自律神経の乱れ」などがあります。またそのほかには、ウイルスや細菌の感染による下痢もあります。ウイルスや細菌の感染による下痢は、その症状が激しかったり、嘔吐や発熱を伴ったりします。

もしも血便が出るような場合や、とくに原因は思い当たらないのに下痢が3週間以上続く場合には、「過敏性腸症候群」や「潰瘍性大腸炎」などの病気に罹患している疑いがあるため、早期に専門医に診てもらう必要があります。

42

Q. 起きるとカラダ(関節)が痛い(特に首や腰)

布団はこんなに広いのにママの布団に集まって来る子供達。ママは起きると体の節々が痛みます。

就寝スペース、夫との格差が凄い。
子ども3人に挟まれ幅30センチで眠る日々
起きると
首や腰が痛い
寝た気がしない・・・
ゴキッ

A. 就寝は気兼ねなく寝返りができる広さが必要

夜の就寝時、狭い場所でお子さんと添い寝をしていると、寝返りなどで子どもを圧迫してしまうことの無いように気づかいながら寝ることになり、質の良い睡眠がとれないばかりか、カラダが硬直したまま朝を迎えることになります。

全身の血液のめぐりを阻害しないための睡眠時の理想の寝返りは、一晩で20回程度と言われています。これが極端に少ないと、カラダの一部が圧迫されたまま血液のめぐりが悪くなり、しかも一日のうちで最も血液のめぐりが悪くなる朝の起床時に痛みが出るといったことになるのです。

それを無くすためには、寝る前にカラダをほぐす軽いストレッチと気兼ねなく寝返りができる状態や広さの寝床で睡眠をとることが大切です。もしそれが難しければ、可能な限り個々のカラダの間隔を開けて少しでも広いスペースで寝るようにしましょう。

43

Q. 起きるとカラダが硬直している

４才の息子が寝てる間に朝の準備をしようと、そ〜っと布団から出ようとするママですが・・・

そーーっと
起きないように
バキバキバキ
起こさないように起きたいのに
なんの音？
背骨がバキバキ鳴って、子供が起きてしまう

A.

就寝前のリラックスが大切！

朝起きたときにカラダがバキバキになっている、いわゆる「寝コリ」(※)で悩まされている人も多くいます。これは、眠っていても内臓が活発に働いていることや、リラックスを促す神経系（副交感神経）が優位にならないといった、心身がリラックスできていないことが原因です。前述した寝起きの関節痛の原因ともなります。質の良い睡眠がとれていないことから、起床後は決して睡眠時間は少なくないのに睡魔に襲われたり、胃腸の不調を感じたりすることもあります。

これを予防するには、就寝前、10分程度のほんの少しの間でも、リラックスできる服装や姿勢で、好きな音楽を聴く、好きな飲み物（ノンカフェインの飲み物が望ましい）を口にするなどして心身がリラックスできる時間を持つことが大切です。ただし、就寝直前の飲酒や夜食には注意しましょう。逆に内臓に負担がかかってかえって症状を重くしてしまう可能性があるからです。

※寝コリ：寝ているときの筋肉のこりのことで、起床時はとくに背中、首、肩に症状が出ていることが多い。

就寝直前に寝床で行うとリラックス効果が高いエクササイズ

寝る直前に行うと睡眠の質が良くなる方法を紹介します。

〈寝ながら深呼吸&ストレッチ〉

◆その1　寝ながら深呼吸

仰向けになって

①ゆっくり息を吸い込んでおなかを膨らませる（腹式呼吸）。

↓

②吸うときの2倍くらいの時間をかけてゆっくり息を吐く。

↓

①、②を10回程度繰り返す。

◆その2　背伸びストレッチ

全身の筋肉の緊張をゆるめる「背伸び」

緊張して縮まっていた全身の筋肉がほぐれてリラックスにつながります。

①仰向けに寝ます。

↓

②ゆっくり両手を万歳するように頭の上に伸ばします。

↓

③両足もゆっくり伸ばし背伸びをします。このとき、手足の指先がそれぞれ引っ張られるようなイメージを持ちましょう。

だいたい30秒を目安に行うとちょうど良いでしょう。

◆その3 深呼吸&足首ストレッチ

布団に入ってから足首の曲げ伸ばしを行なうエクササイズです。

足の血行が良くなり、体内の熱が放散されて深部体温が下がりやすくなってスムーズに入眠することができます。

①鼻からゆっくりと息を吸いながら、両足首を手前に起こす。

←

②口をすぼめ、吸うときの2倍くらいの時間をかけて口から息を吐きながら、両方の足の裏を伏せた状態の元の位置に戻す。このとき、息を吐ききると同時に、ふくらはぎと足首から力を抜く。①~②を1分間で5~6回繰り返す。

◆その4 股関節の周りをほぐすストレッチ

①仰向けになり、両ひざをこぶし1つ分くらい開いて左脚のひざを真っ直ぐに立てる(足裏は常に床についている状態)。

←

②立てた左ひざをゆっくりと外側に無理のない範囲でなるべく深く倒す。

←

③外に倒した左脚をゆっくりと伸ばす。

←

④再び左ひざを曲げて、今度は内側にひざを倒す。

←

右ひざも同様に。

一連の動作を脱力しながら行う。目安として両脚を3~5回行うといいでしょう。

44

Q. 化粧もできずに仕事に行かざるを得ない

朝の準備は大忙し。それでもメイクだけはしっかりやって出勤するのがポリシーのママでしたが、ついウッカリが起こりました。

A. 前夜の準備と時短メイクでバッチリ！

子どものことは大事ですが、仕事に対する自分のモチベーションを高めるためにも、メイクをして家を出て行きたいものです。しかし、子どもの面倒を見ているだけで出勤しなければならない時間になってしまうこともありがちですね。

朝、自分の時間が無い中でメイクを成功させるには、前夜の仕込みと朝の時短メイクにポイントがあります。

夜は、子どもが寝静まったあとでできる限りの仕込みは済ませましょう。夜のうちにできることとしては、髪の毛とネイルの手入れがあります。朝は10分程度を目安にメイクを完成させると良いでしょう。今や時短メイクに使える化粧品が数多く市販されていますので利用するのも手ですね。

なお、まだ小さなお子さんがいる場合には、邪魔されない対策も必要です。そんなときは、何か遊び道具を用意しておく、テレビ、ユーチューブ、DVDなどを活用して気をそらすなどをしてメイク時間を確保しましょう。

45

Q. 起床直後は口臭がきつい

可愛い息子の寝顔に癒されて、顔を寄せて寝起きの時間を楽しむママでしたが・・・

A. 語りかける前にまずはうがいを!

朝、一緒に寝ているお子さんに顔を近づけて愛情たっぷりに語りかけたとき、「ママのお口臭い!」と言われたことはありませんか? ちょっとショックですよね。このような起床時の口臭は、一般的には「生理的口臭」と言われ、ある程度は仕方がないことです。そしてこの口臭自体は、日頃のケアや生活習慣を改善することで軽減できます。

口臭の主な原因は、就寝中の唾液の分泌量の減少で口腔内で起こる細菌の繁殖によりますが、慣習的にタバコを吸っていたり、ニンニクや脂肪分が多い夕食をとると、その臭気が肺から呼気と一緒になって口臭になります。

起床時の口臭が気になる人には、夕食の際にニンニクなどの強い臭気成分を含んだ食材を控えること。また、就寝前の歯磨きと舌苔《ぜったい》のケア(※)をし、就寝直前には丁寧な歯磨きと乾燥予防のための水分補給のコップ1杯の水、起床後にはすぐにうがいをして口腔内の細菌を排出するなどを行うだけでも口臭を軽減できます。

※舌苔のケア:舌苔は舌の表面に堆積した白い苔状の汚れで、口腔内の食べカスやはがれた粘膜とそれをエサにしている細菌などでできています(口臭を発生させる原因の1つです)。それを柔らかいガーゼや専用の舌クリーナーで丁寧に取り除くこと。

46

Q. 子どもの給食がない土曜日出勤、大忙しで朝から疲労する

土曜出勤、なにが大変かって、給食がない日の出勤。3児母の壮絶な朝です。

フルタイム勤務3児母
土曜出勤の朝が壮絶すぎる
(ワンオペの場合)
作るお弁当は5個
ずらっ
水筒
もはや弁当屋…
末っ子はまだ離乳食。別メニューを作る
当たり前だが子ども達の身支度と朝食作りも同時に行う
みんなお着替えしなさーい
トントントントン
テキパキ
時間に追われもはや千手観音
シュ
バババ
シュバ
ババ
出勤前に疲労感MAX
できた・・・
ずらり
ここから保育園と児童クラブを回ってやっと出勤できるのだ

A. 「1度に複数調理」「片付け簡単」がキーワードですね

平日は、子どもが通う学校や幼稚園に給食があって、そのお陰で手間を省略できて助かっている親御さんにとって、給食のない週末の土曜日、ただでさえ育児や仕事で1週間の疲労が溜まりがちで、お弁当作りにかける心理的肉体的な負荷は大きなことでしょう。

そのようなときに、少しでも当日朝の手間と時間を省略するために、市販の冷凍食材やおかずへの事前の仕込み、おかずを作れるときに作っておく作り置きなどの方法がありますが、そのほかにオススメな方法として、グリルがあるキッチンであれば、グリルの活用があります。

アルミ箔のうえに食材を載せれば「焼く」、包めば「蒸す」ことが簡単にでき、しかもグリル内の決められたスペースに置くことができれば、複数の食材を一度に調理できます。使用後の後片付けも簡単です。さらにアルミカップを活用するとそのままお弁当箱に収納できます。まだやったことが無い人はぜひお試し下さい。

【著者】いであい
京都精華大学芸術学部卒業・洋画専攻。
4児の母(長男.高一/次男.小6/三男.小3/四男.4才)
イラストレーター。ブログ、インスタで4人の息子達との日常を描いた漫画を発信中。
Instagram @ideaizo
ブログ 4兄弟の母 いであいのブログ
https://ideaizo.nbblog.jp/

【監修者】成田奈緒子
文教大学教授・小児科専門医
大学で教鞭を取る傍ら、主に小児の精神心理疾患の診療も行う。2014年からは医学・心理・教育・福祉を包括した専門家集団による新たな親子支援事業「子育て科学アクシス http://www.kk-axis.org 」を開設、代表に就任。また、文部科学省や東京都教育委員会などで子どもの生活習慣を科学的に考える育児教育への提言・社会活動も行っている。

【制作STAFF】
■構成・編集　有限会社イー・プランニング
■執筆協力　須賀柾晶
■イラスト　いであい
■本文デザイン・DTP　株式会社ダイアートプラニング　山本史子

参考文献
『子どもにいいこと大全』成田奈緒子・石原新菜監修、主婦の友社
『子どもが幸せになる「正しい睡眠」』成田奈緒子・上岡勇二著、産業編集センター（SHC）

参考サイト：
https://www.ssp.co.jp/su/solution/exercise/
https://cp.glico.jp/powerpro/citric-acid/entry106/
https://kenko.sawai.co.jp/body-care/201908.html
https://precious.jp/articles/-/23392
ーその他

親子で変わる！ 朝が得意になるスゴい習慣

2023年1月30日　第1版・第1刷発行

著　者　いで あい
監　修　成田 奈緒子（なりた なおこ）
発行者　株式会社メイツユニバーサルコンテンツ
　　　　代表者　大羽 孝志
　　　　〒102-0093 東京都千代田区平河町一丁目1-8
印刷　株式会社厚徳社

◎『メイツ出版』は当社の商標です。

●定価はカバーに表示してあります。
© イー・プランニング,2023. ISBN978-4-7804-2694-6　C2077　Printed in Japan.

ご意見・ご感想はホームページから承っております
ウェブサイト　https://www.mates-publishing.co.jp/

編集長：堀明研斗　企画担当：小此木千恵